너의 말끝엔 언제나 이별이 묻어 있다

이 도서의 국립중앙도서관 출판예정도서목록(CIP)은 서지정보유통지원시스템 홈페이지(http://seoji.nl.go.kr)와 국가자료종합목록 구축시스템(http://kolis-net.nl.go.kr)에서 이용하실 수 있습니다. (CIP제어번호 : CIP2020034688)

너의 말끝엔 언제나
이별이 묻어 있다

이튼시인선 051

박향숙 시집

| 시인의 말 |

몸 속의 피를 다 뽑고 이 세상을 떠나고자 했던 스물의 나.
서른 마흔 더 많은 세월을 건너뛰고 싶었던 나이.
반백년이 흐른 지금 마음은 아직도 스물이다.
달라진 건 아무것도 없다.
나와 또 다른 나의 세상은 여전히 불협화음이다.

2020년 여름
박향숙

｜차례｜

시인의 말　　　　　　　　　5

1부

지난 날	13
사유	14
울림	15
드리우다	16
슬픈 그리움	17
그의 행적	18
마음의 눈 감다	19
비는 내리고	20
시간이 간다	21
어긋남	22
푸른 아픔	23
그 계곡에서	24
가을을 걷고 있습니다	26
널 그리다	27
창백한 계절에	28
가을에 앉아	30
유시	32
당신은 가을입니다	34
바람의 영혼	36
이별이 두려워	37
빈 그리움	38
그런 날	40

2부

어쩌자는 건가	43
별	44
아픈 사랑	45
흐림	46
더 사랑한 자의 몫	47
너를 생각하다	48
겨울 오후	49
새	50
너의 말끝엔 언제나 이별이 묻어 있다	52
햇새벽에	54
이른 슬픔	55
여백에 봄 움트다	56
봄을 걷다	57
사는 이유	58
첨벙	59
떨어진 꽃잎도 밟지 마라	60
별의 노래	61
네가 겹다	62
밉다, 세월	64
생각 한 조각	66
아릿하다	67
변명의 사유	68

3부

시월이 온다	71
그리하여 우리	72
울지 않기 위하여	73
저녁연기	74
그리워 오늘도	75
세월에 앉아	76
이 마음	77
고백	78
사랑은 빼곡하여	79
아픈 바람 같아 生	80
아프지는 말자	82
그렇게 살고 있다	83
텅 빈 곳에서	84
분절되지 않은	85
잿빛 하늘	86
사랑아, 내 사랑아	87
그리운 날	88
봉오리	90
가슴에 꽃잎 한 장	91
그만 흔들리자	92
깊은 밤 지나	94
아침 햇살 마시다	96

4부

너는 그렇게 가고	99
슬프다고 그리다	100
존재에 대한 슬픔 어루만지다	102
休	103
슬픈 공기	104
바람이 부니	106
우울한 날의 기록	108
가느다란	110
방파제에 앉아	111
깊고 긴 새벽	112
그리운 사람끼리	113
모르는 사이	114
잠	116
마음을 피하지마	118
당신을 만지는 날은	119
시든 영혼이 더 빛나는 밤	120
도무지	121
그린다, 그녀	122
밀회	123
하루여!	124
일어나야 한다	125
無理	126

5부

슬픈 생 131
외로우니 132
우리 서로 133
우울하게 피곤한 날에 134
차 한 잔 마시며 136
고마워요 당신 138
後 139
나에게 140
고요 141
고운 쉼표 142
이윽하구나 144
오점 145
겨울이야기 146
하얀 이야기 148
떨림 149
12월과 1월 사이에서 150
집작 151
그럼에도 152
어둠 뚫을 빛이길 153
외로운 154
빈 고독 155
거기 156

작품해설 | 송기한 교수 157
— 건강한 마음을 향한 서정의 순례

제1부

지난 날

길고 외로운 사슬에
성긴 고리를 끼며
오래 전 일기를 보다

속 깊은 추억은
슬며시 마음을 사로잡고
감싸인 베일 속 먼 이야기들

웃으며 때론 훌쩍이며
마음을 적시었다

긴 세월이 역사가 되고
뒤안길처럼 아쉬움이 되고

바람이 살짝 머리에 스치니
밤 그늘이 먹먹해지는 시간이다

사유

그대 외로움에 이끌리어
여기까지 왔노라고

잠시 숨 고르는 동안이 깊어
차마 떨치지 못하는 슬픔들

망설임만이 창백한 얼굴 감싸
아쉬웠으리라

살아 있으니 그 모든 것
아름다웠다는 그대의 말

숨을 쉴 수 있게
제발 숨을 쉬게 해달란 나의 말

달빛에 어리어 창문에 스미는데
침묵이 잠식되어 밤이 운다

울림

망설임 끝에 드리운
작은 속삭임 '그리워요'

설레임 가득 담긴
깊은 속삭임 '사랑해요'

외로움 밀어내며
미소 띤 속삭임 '행복해요'

잔잔히 스미는 세상의 아름다움
오로지 그대 향한 울림입니다.

드리우다

외로움
아주 낮게
드리운 아침

슬며시 망설임에 머무는
더 낮은 너

사랑했노라
입술 달싹이는 노래

먼 곳
이야기되어
어느새 눈물 됨을 아는가.

슬픈 그리움

바다에 가
닿으면 좋겠습니다.

그대 흔적 적시며
그대 사랑 찾으러

비 내리고 그치고
마음에 슬픔이 흐를 때

바다에 가 닿아
꼭 안고 싶습니다.

심연보다 깊고 어두운 그대 안에
빛의 그리움 되고 싶습니다.

그의 행적

그가 걷는 건
외로운 걸음이고

그가 웃는 건
쓰디쓴 상념이고

그의 이야기는
독한 그리움이다

지금 그는 사랑에 빠졌고
그 늪이 허우적거리고 있다

울음에 잠긴 독백이
내 안에서 더 슬피 운다

저녁이 오고 어둠이 내리듯
채워진 빗장 앞에서 오늘을 일별하고 있다

마음의 눈 감다

그대 안에서라면
내밀한 영혼이
길을 잃어도 좋습니다.

속으로만 흩어져
안고 가는
마음의 눈 감으면

외로워도 기쁘겠습니다.

사랑한다는 말씀
스러져 아련해지더라도

휘청거리지 않겠다는 다짐에
힘을 모아 견디겠습니다.

이제는 마음의 눈 감겠습니다.

비는 내리고

비 내리는데
우산을 주지 못했다

네 마음이 온통 흐르는데
닦아주지 못했다

여전히 비 내리고
강과 바다에서 슬피 젖는데

뜨거운 눈물이 섞이고 섞이어
여기 시린 심장에 닿는데

헤매이는 맘에
자꾸 멍이 드는 또 다른 맘

아프게 내리는 비에
더 아프게 젖는 빗방울

비 내리는데
우산을 주지 못했다

시간이 간다

비 내리고
시간이 가고
잦은 바람이 조용히
마음에 앉아 나를 본다
드리워지는 서러운 눈망울

계절이 또 다른 계절과
인사하는 시간은 짧기만 한데

바람이 조금 더 나를 깊숙이 안고
흐려진 눈자위 가리는 빗줄기

서둘러 가는 시간들이
바람보다 조용히
흘러간다.

비칠비칠 우리의
마음도 그렇게 가고 있다.

어긋남

바람소리에 섞인
길고 긴 밤

모든 건
마음에서 일어나
마음으로 사그라지는데

문득 영혼의 날개 짓 차디차
고이 잠든 가슴 멍울지고

깊디깊은 설움
삶의 노래로 흐른다

어찌해야 하는지
숨 막히는 적막의 골과 골 사이에서

끊임없이 들고 나는 물거품 같은 영혼을

푸른 아픔

너를 그리워했던
몇 밤이 있다

눈가에 그렁그렁
보고픔 맺힐 때 있다

몇 해가 지나도
그 때의 순간이 맴돌아
젖은 심장을 타고 흐르리니

살아가면서 뒤돌아
보고 싶은 사람이 있다는 건
아름답지 않은가

푸른 아픔에 붉게 피는 꽃으로
너는 뜨겁게 두근거리며
늘 가슴에 핀다

행여 오늘이 생의 마지막이어도
더 깊은 빛이 되어
빛나리

그 계곡에서

하얀 물거품에
꽉 들어찬 외침

외마디 같은 울림
끊임없는 흐름이다

한 잎 한 잎 내 안에 피었던
서글픔들 한 장씩 씻어내며

이름 모를 나무에
시든 생각들 달아 본다

아직은 초록의 잎
낭만을 새겨 넣고 싶어

지나가는 소나기에 온 몸 내 주고도
소리 내 크게 웃었다

그래 별거 없다
지나가는 우뢰 맞으며

그렇게도 사는 거다
산 위 하늘이 미소 짓는 오후

가을을 걷고 있습니다

가을을 걷고 있습니다.
나무라지 마세요.

축축이 젖은 마음, 추스르지 못해
부서져야만 하는 낙엽 위에서

사부작대는 설움일지라도
부디 나무라지 마세요

마른 기억의 저 편
둥실 떠가는 미소가

그 때의 행복이지 않더라도
누군가는 지금 수중히 안고 스치겠지요.

보아주세요. 꽉찬 편견들 속 질투와
꿈틀대는 오만 사이에 서성이는 영혼을

지금은 마냥
가을을 걷고 있습니다.

널 그리다

널
생각하면
온몸의 세포가 사랑
설렘 차올라
온 우주라도 뛸 힘이 나
널
그리고 그리는 시간은
떨림 반짝이는 환희
깊은 너는 갈망
매 순간
벅찬
꿈

창백한 계절에

외로움이 병처럼 깊어지는 계절에
홀로 앉아 있습니다.

두리번거려도 아무도 없는 빈 하루가
가까이 있었고

서툴게 조각난 멍울의 잔해들이
서럽게 스미었습니다.

이제는 들녘의 평온에 누운 햇살처럼
가슴 쉬고 싶습니다…는 욕망

점점 사위어가는 푸른 마음들에
고운 시선 띄우며

보내고 때론 떠나고
세월에 익어갔던 고뇌마저도

손 흔들어 안녕을 고하는 계절에 들면
오래 잠겼던 심장은 눈을 감을 것입니다.

길게 걷는 영혼에 발맞춰
천천히 영원이 깃든 영원을 안겠습니다.

가을에 앉아

마음이
가을을 낚는다.

품속에
찰진 바람들 오가고

시간이
풍성하게 익어갈 무렵

어둠에
등불 하나 둘 켜지면

든든한
숨같넌 세월이 기시개 핀다.

사는 게
향기로워 깊은 행복일 때

죽는 거
또한 아름다운 빛이 되리니

푸른 하늘이
더 푸른 마음에 가 닿는 이유로 산다.

유서

반짝거렸던 이야기들이 한 장씩 휘날립니다.
먼 곳을 향한 아스라한 눈빛은 숨죽여 떨고
강기슭쯤에서 아지랑이 손짓하겠지요.

따뜻한 봄 햇살이 넘실대는 날
손 흔들고 머리카락 휘날리는 꿈꾸며
발길 돌리고 싶습니다.

가까이에서 멀리까지의 사연들
바람 위에 흩뿌리며
두 손 모아 보겠습니다.

사랑에 쌓인 미움도 가벼이 날리고
움직이지 않는 것에 기댄 열정은
한 움큼만 가슴에 넣겠습니다.

유일한 벗이었고 위로였던
일생의 고독과 외로움으로 수의를 지어주세요
수의 한 쪽엔 푸른 시를 새겨 주세요.

이제 이슬방울 맺히듯
고요 속에서 마지막 눈물 흐르게
그냥 내버려 두세요

당신은 가을입니다

오늘도
난 여백에 있습니다.

당신은
가을로 서 있습니다.

떨어지는 순간을 사랑하여
빈 가지의 외로움은 잠시 접습니다.

붉어지는 당신의 마지막 생이
이 가슴을 더 붉게 적시면

고독이라던가, 고백이라던가 하는
내면의 쓰린 녹백은 빗상을 내립니다.

모진 때론 거친 세상이
참으로 아름답기에 숨 가다듬습니다, 매번

삶에 다시금 웃음꽃 피우며
끝에 닿고 싶습니다.

차디찬 겨울의 노을, 점점
뜨거워지는 순간들이 가까워집니다.

이제는
제 마음의 생에도 빗장을 채우겠습니다.

바람의 영혼

바람에도 영혼이 있다면
그 영혼을 정성껏 안겠습니다.

차디차게 응어리진 가슴 꽉 여미며
안기겠습니다. 차마 외로움 번질까싶어

앙가슴 모아 잠시 작은 연못에 넣겠습니다.
사랑합니다. 아시는지요.

바람 따라 연못 속 그리움으로
수줍게 떠 있다면
그대를 뜨겁게 안고 싶습니다.

보란 듯이
시린 태양빛에 모든 사유 접어 넣고
그대를 간절히 안겠습니다.

이별이 두려워

별이 빛나는 건
아픔을 감추기 위한 아스라한 변명

사유 가득 품은 밤하늘의
아득한 심연

슬픈 입술은 이별이 두려워
이별을 하지 못했다

밤에도 낮에도
헤어짐을 속삭이기엔
너무도 알맞지 않은 시간들

어디에서 흐느끼나
비처럼 허무하기도 하니
바람이 불 때 조금 훌쩍이는데

그것도 잠시
세상이 세상에게 틈을 보이면
천천히 조금씩 준비해야 하리라

빈 그리움

그럼
슬픔도 접겠습니다.

내 우연에
우연히 들어온 사람

사는 건
그리움을 채우고 비우는 것

사람과 사람
사이에 섬이 있다한들

결국 만나고
사랑하지 않겠는지요.

빈 계절 속
그리움, 눈으로 날리운다면
여한 없겠습니다.

빈 그리움 걸립니다.

그래도 사랑하니까
그래서 사랑하니까

간간히 외롭거든 에두르지 말고
직진으로 가 더 외롭겠습니다.

그런 날

구겨진 마음 자락
슬픔에 젖어 흐느적일 때

겉으로 외롭지 않기 위해
두리번거리는 속내가 짠하다

낡게 바랜 오후가
시리게 웃는 날

심장이 터질 때까지 뛰어보자
어디든 누구에게든 가 닿고 싶은 날

그런 날엔 두 눈 감고
마음의 눈도 슬며시 감아보자

보지 않아도 보이고
만지지 않아도 느껴지는

전설 같은 사랑에 오!
길고 깊게 닿고 싶은 날

제2부

어쩌자는 건가

어둠 가시지 않은 아침부터
외로우면 어쩌자는 건가

동이 트면 밝음에
더 깊어질 숨 막히는 호흡

한낮 무표정한 햇살도
무작정 외로울 텐데

밤 깊어 햇새벽까지
이토록 외로워 도대체 어쩌자는 건가

낡고 시든 인연의 끈 허공 가르니
시린 하늘이 서럽다

어쩌자는 건가
온통 그리운 날들의 속삭임을

별

너의 오늘이
그리움을 놓고 간다

매일 밤
매일 아침
매일 낮에도

너의 그리움에 잠긴 채
목 메인다, 매 순간

목이 아프다, 메말라 아프다
너의 부재는 곧 나의 부재

세상 모든 열정
빛나기도 빛나지 않기도 하다

너의 오늘이
희망을 놓고 간다

아픈 사랑

아픈 사랑은
아픈 추억을 남긴다

살아온 날들을 돌아보는 중
까닭 없는 슬픔은 없으리니

지난 삶 되새겨 생각해보다 문득
잊혀진 노래에 흐르는 눈물

무딘 칼날 끝에 매달린 기억의 마디
썰린다, 잘게

아프지 않은
사랑도 사랑이다, 분명

오롯이 고뇌에 숨어든 은밀한
내 사랑, 여전히 잘리고 있다

흐림

마음에 자꾸 비 내린다
안개, 는개, 섞이어 눈물 내린다

회색의 거리는 온통 비틀거리고
아찔하게 쓰러지는 비애

흐림은 슬픔의 표현
한없이 절규하는 내면의 흐름

간간히 바람이 불고
천천히 먼지가 날리고

우리는 매번 흐림 속에서
서로를 무표성으로 읽있다

부정확한 갈등 내지는
불확실한 낡은 번뇌들

우리 인연의 불협화음, 이젠
끝없이 내달리는 희망이기를 바란다.

더 사랑한 자의 몫

너무 외로웠다고
단 한마디 하고 싶었는데

석양이 물들고 깊어져
흐린 맘 젖어드네

이 땅의 슬픔 그리고 기쁨
다 속절없이 스며드네

그리하여, 버티는 몫
더 사랑하여 더 울었노라고

목청껏 부르지 못한 이름아
찢겨진 마음 그저 아프네

너를 생각하다

갈등과 번민 사이
참혹한 질투

창백하다
너를 향한 메아리

우수에 잠긴 밤
떠도는 별무리의 심장

뛴다 떨린다
오늘을 살아낸 호흡

가까이 더 빠르게
닿고 싶나

마침내 마침표
너에게

아!
사랑하고 싶다

겨울 오후

겨울 햇살이 우울하다

불완전한 문장들 사이를 밤새 오갔다

나의 뇌는 흔들의자에 쓰러져 있고

마음은 깊은 심연의 허방에 있다

겨울이 익어가는 페이지들

그 위로 떨어지는 잔상들

하얀 눈 되어 세상을 덮고

침묵한 거리의 단락들이 여전히 쓸쓸하다

빈 풍경에 오후의 겨울을 그리고 있는

붓과 펜이 분주한

겨울 오후

새

첫
눈 같은
여인의 발자국

눈
위를
휩쓰는 새벽바람

오래
혼미한 정신이
헤매는 멜로디 같은

첫
핏빛 사랑
아련한 그림자

영혼아
이제는 절대
너로 인한 시 읊지 않으마

저
지나가는 새
울며 날아가고 날은 밝으리

절룩이는 영혼이 아파
바람결조차 쓰라린가
비스듬한 길이
깊다

너의 말끝엔 언제나 이별이 묻어 있다

너의 입술은
오므라드는 저녁 같아

너의 침묵은
파란 심장 안에서 할딱이고

외롭지 않은 날을
손꼽아 기다리며 기다리다

너의 눈물을 보면
나의 눈물을 잘라야했다

너의 사랑을 잊으려고
술을 마시는 날이 늘어만 가고

쓸쓸할 땐 멜랑콜리한
시를 읽었다

너의 말끝엔
언제나 다정이 묻어 있지만

'사랑해'의 '해' 끝은 유난히
아릿할 때 있다

예민한 촉수로 톡
한없이 깊이 다가올 때 있다

너에게 끝도 없이 다가서고 싶지만
움츠러드는 마음이 있다

햇새벽에

가여운 새 날
미진한 시간 속 아니길

꼬깃꼬깃 버려진 종이
다시 펴 쓰고 싶은 치밀한 속내

눈 부릅뜨고 붓
울분으로 휘갈기는데

날아가는 새
보란 듯 지저귀는데

일별로 안부 전하고파
먼 곳 먼 발취에서

자꾸만 파도 소리가 들려
이명인 듯 아닌 듯

햇새벽에
달뜬 외로움이 지정석에 앉네

이른 슬픔

그대 심장에 한 잎 향기로 피어
그리움 날리 울 수 있다면
철없이 피어나
서리에 꽁꽁 언 꽃이어도 좋으리

봄의 꽃단장에 앞서
덜컥 쏟아낸 향기에
속절없이 취해 혼절해도 좋으리

너무 일러 너무 고운
속없는 사랑에
눈물지어도 좋으리

앞서간 계절을 잠시 위무하듯
그대, 삶 아뜩하였을지라도

여백에 봄 움트다

시렸던 마음에
마디마디 깊고 짙은
연두의 속삭임 그리다

움트는 가녀린 시샘
살 오른 연한 미소
여울지다

두 손 뻗어
등 토닥이는 햇살에
포근히 뒤태 안기며

안으로
움츠렸던 연정
슬며시 밀어 넣는다

봄을 걷다

파란 하늘 아래
파란 강이로다.

파란 하늘이
파란 마음을

냇물 위에 놓았노라
파란 고백의 이야기

도란도란 듣던 물오리 떼
첨벙 봄의 딸꾹질에 놀라

포르르 오르니 아지랑이
저 건너에서 웃네라.

입에 가득 봄 풀 물고서
앙증맞게 오니라

봄을 걷고 있는
봄이여!

사는 이유

높고
넓은
그리움 안
너의 숨은 사랑 고아라
아린 내 사랑 슬퍼라

곱고
슬픈
하늘가
드리운 우리 영혼
밤 별로 빛나 아름다우니 산다

첨벙

맘과
맘을
포개어
우리 뜨겁자

불살라 태우자

사랑이라는
그것에
빠지자
첨벙

떨어진 꽃잎도 밟지 마라

슬픔에 Me Too를 머금고
우울한 빗물 같은 눈물에
비수를 꽂았으리라

그리고 버텼으리라
묵직한 저항으로

은밀함 속
악의 꿈틀거림을

쏟아지는 번잡한 이야기들
상실한 자괴의 몸부림

꽃잎이 떨어졌나?
이파리가 떨어지고

온 세상에 상처 흩날린다.

거기, 여린 가슴 속
잘리는 슬픔 지금도 ing다

별의 노래

한줌의 영혼 있다면
사랑을 노래할 수 있으리

텅 빈 몸 이끌고
산책에 나서는 밤의 공기

식어가는 낮의 열기 달콤하게
피곤을 어루만져주네

태양을 뒤로한 그림자는
정녕 쓸쓸하지 않으리.

네가 겹다

오늘이 참 외롭다
소리 없는 발걸음들 속에서

걸음에 조용히 쌓이는 고독
그것을 끝없이 차내며
밖으로 내 보내며
허공에 날리면서도
때론 깊숙이 안고 싶었다.

드리워지는 공허는
멈출 수 없는 모반

어떻게든 숨을 쉬고 싶은 바램은
태초의 행복이었으리라
그러니, 잠시 목울대 접어보자

보자, 보자꾸나 빛나는
세상을 향해 빛이고픈 갈망을,

오늘의 태양이 떠올라
빈 마음을 거두나니
외롭고 시리고 푸른 눈부심을
너에게 보내리.

추억 속에 사는 순백의 우리 이야기
침울한 눈물에 젖는다.
네가 겹다
너의 속이 참 그리운 날이다

밉다, 세월

마실수록 외롭더라.
만날수록 외롭더라.
별 자국
하나
둘
하늘가 떠돌 때까지

잔을 채워도
잔을 비워도

가여운 빈 시간들
흐려지는 기억들

달뜬 사랑은 어쩌자고
흔적 없이 사라지나

다가오고 때론
다가가는
세월이
미워, 오늘밤도 잔은 넘치리.

이별 미워 돌아선 달
이미 구름 속에서 잠들고

축축하게 고요한 이 밤
깊어만 간다.

지금 어디쯤에서
서로의 안부를 묻는가.

생각 한 조각

담담한 방에서
막연한 몽상을 하고

시들해지는 사랑에 대해
시시하게 몰두해 보는 건

어리석은 일이다
휴일, 햇살이 부신 아침엔

어긋나지 말고 지치지도 말라

그 어떤 다짐이라도 영혼에
닿지 않으면 이별에 빠져들 듯

작별의 반은 흐르는 눈물
드넓은 슬픔의 전부일 터

어긋나지 말고 지치지도 말자

햇살 아리게 빈 방 가득
드리운다. 삶의 일부인 고즈넉에

아릿하다

1
곱다 하늘
어둠 그 자체만으로

그래도, 그래서 자꾸만
서늘해지는 마음

2
아쉬워해다오
끊임없이 모양을 바꾸며
떠가는 구름 위 흐르는 영혼

적도의 열기는 곧
너의 숨결

별이
빛나거든

생의 변두리에 스민 그림자
광야의 푸른 슬픔으로 안으리.

변명의 사유

처음엔 가슴이 터질 것 같았지
훗날엔 머리가 터질 것 같더라
사랑이란 거

처음엔 바다라도 이룰 것 같았어
나중엔 모래사막 같았지
감정이란 거

시작은 별빛보다 찬란했는데
끝내는 달무리처럼 뿌옇더라.
공허만 차올라

이별이 내게로 올 때
웅크린 사유 속에서
마침표는 얼마나 명료한지.

제3부

시월이 온다

시월이 오고 있다
부드러운 갈빛으로
넘실대는 생의 여운처럼

살랑이다 멈칫
윙크하는 빛살에
스며드는 어여쁜 미소로

그리하여 우리

언제든 고독은 찾아올 것이다

그리하여 우리 아름다운 세계에
외로운 것들로 가득할지라도

버려진 아픈 의식처럼
스러지지는 말자

변두리로 팅겨나가도
멈칫거리지는 말자

언젠가 또다시 사랑할 것이다

또 다른 고독과
새로운 사랑이 가슴에 파고들 때
중심에서 솟아나리니,

식어가는 온기와
시린 가슴의 전율과
빈 쓸쓸함까지 스치는 계절에 묻자

울지 않기 위하여

더는 울고 싶지 않아
떨어지는 아픔들
모두 버렸다
거기 어두운 곳
쓰라리지만 아늑한 속

매일 쏟아지는
시궁창 같은 시간들
무더기로 뱉어내는 속내
조용히 미끄러지고

두꺼운 통증에 묶인 심장
느리게 흔들리고

내 소리 없는 걸음은
조금씩만 젖었다

그 어느 날의
우울한 하늘 아래 이야기처럼.

저녁연기

아름다워라
저녁 흔적 속 내음
비 내리는 때

빗속에 잠겨
더 아늑한 슬픔이
잠이 든다네

다리를 건너
언덕 위 마을 전경
깊어만 가고

그리워 오늘도

때론
기억하고 싶지 않은 날도 있지만

내일도 널 사랑해

세월에 앉아

어제 반갑게 웃었으나
오늘 인상 쓰게 하는 친구 있음은

음과 양으로 이뤄진 세상에
우리 가만히 놓여있는 까닭이리.

아픈 만큼 다져지고
고통만큼 단단해져

둥근 심장 밖으로
사랑스러움 넓게 퍼지리.

어쩌면 내가 사랑한 사람은
나를 사랑한 적 없을지 몰라

하늘아래 우두커니 색깔별로
계절을 지나 보내도

세월에 쉼 없이 흐르는 아쉬움들
한정판 감정은 찾을 수 없어라

이 마음

내 안의 검붉은 슬픔 사위길

볼록한 어두움 꺼지길

온기가 닿지 않는

마음에서 그만

헤어나길

두 손 모아 하늘 본다.

숨 멈춰야 끝나는 내 사랑

고백

밤새 눈이 곱게 내려 쌓이고
어김없이 그 시간 속에서
당신을 그리워했습니다.

날이 밝고 눈이 녹아 사라지면
못 전할 하얀 사랑이야기
지금 하지 않으면 언제 하겠습니까?

이 겨울이 가고 새 봄이 오면
또 모르겠습니다.
더 향기로운 고백에 잠 못 이룰지도.

사랑은 빼곡하여

빼곡한 우울이
숲으로 가 속속들이 아프다

아픈 등허리에 매달린 오후
햇빛이 빈곤한 지금

그대 무엇에 의존하는가.
무엇으로 위로받는가.

슬픔은 뒤덮인 먼지 속에 있고
먼지 속으로 빨려드는

그대 청춘과
모든 움직임들

사랑은 늘 빼곡하여
더 아프고 더 뜨거운가

아픈 바람 같아 生

비틀거리는 詩語에 주저앉아
탄식으로 마침표를 찍고
비로소 우는 바람

자리마다 외로움 번지는
우울한 노을 같아

환영으로 곱기만 한
사랑이야기는 먼 전설의 生

늙은 화가의 그림을 보듯
세월의 뜰, 어디쯤에서
피어나 아름다웠을까

과연 얼마나 깊었던가
얼마나 과격했던가
치열했던가

연기에 감춰진 목마름
가슴에 살아 숨 쉰다

텅 비어 삭막해진 들판에
쌓이는 허무한 미련

아픈 바람 같은

아프지는 말자

창밖에 어스름이 비추듯
외로움이 다가오는 걸 받아들이며
오늘도 한 걸음씩 잘 살았나니

누가 사랑에 관한 그리움을 묻거든
하루의 숲에 하루만큼의 눈물 있었노라고

그 마음에 드리운 그림자 있다면
왈칵 고백하겠노라고

쏟아지는 고뇌에 조용히 안기는 목소리
심연으로 잠겨드네

사는 건 끝을 향한 여린 몸부림
그 몸짓에 매번 다시 스러지나니

영혼이여
사는 내내 더 깊게 아프지는 말자

그렇게 살고 있다

아주 익숙한 떨림
사랑 아니더라도

잔잔한 정
흐를 뿐이더라도

고웁게 배어
격하게 살아도

보이는 별은 하늘에
보이지 않는 별은 가슴에

구겨진 감정
뭉쳐서 버리고는 마감

하루 그렇게 가고
보내고 기꺼이 우리는

그렇게 살고 있는 것이다

텅 빈 곳에서

빈 잔을 채우고 비울 때마다
홀로의 앞에 촛불처럼 네가 타올랐다

나지막한 목소리로 밤을 누르며
어둠을 가르며 몸으로 너는 울고

사랑이여, 하고 부르면
한 발 더 멀어지는 영혼이었다.

불어터진 절망보다 더 아픈 건
곪아버린 상처의 덧이란 걸 알기에

간간이 그립기도 하겠다.
바람이 불어 가슴 스치는 날

간간이 네가 그립기도 하겠다.

분절되지 않은

막연한 기다림 속
결핍을 안아줘야지
벗어나려 애태우지 말아야지
적나라한 상실을 사랑하며
잊히는 아픔까지 끌어안아야지

분절되지 않은
은밀한 시간을 몽상하며
한 방울의 깊은 곳까지
존재의 이유에 닿으며 살아야지

잿빛 하늘

점점 더 저음으로 내려간다.
무음에 닿을 때까지

우울하게 피어난 얼굴을 묻고
세상의 여백에 든다.

마음은 늘 어디론가 떠났지만
언제나 제자리에 머문 자국

손가락 사이엔 악의 꽃이
로트레아몽의 반항과 함께

흥얼거리고
있다

사랑아, 내 사랑아

인류는 끊임없이 진화하고
너와 나는 쉼 없이 사랑만하여
변함없이 무던한 늪에 갇혀
세상의 상관없음으로 잊혀도 좋으리.

우리 서로의 관심사 고운 봄 햇살 같아
뜨락에 마주해 미래를 이야기하지 않아도
보듬어 미뤄 짐작에 포근히 안기리니
사랑아, 잠시라도 재껴 두지는 말자

끝없이 타올라
봄, 가을볕보다 징하게 그을리자

사는 내내 우리
마음이라도 뜨겁자구나

그리운 날
— 전화를 받지 않는 당신에게

비가 내리는 날엔 더
기분이 좋아졌으면 좋겠습니다.

이 순간 꽃의 색 더 진해지라고
당신 생각 더 깊어지라고
비 세차게 뿌리나 봅니다.

어둠이 내리면
내내 외로웠던 기억
다 지워졌으면 좋겠습니다.

이미 그리움인 당신,
작은 주머니에 넣고 넣어
향기로 자라게 두겠습니다.

훗날 다시
비 내리는 어느 날에

환희로 열리는 주머니에서
당신은 사랑으로 곱게 피어나겠지요.

무심히 흐르는 시간이 미워도
계절을 수없이 지나치더라도

여전히 당신은 나의 우주입니다.

봉오리

만지고 싶어
봉긋한 그 끝을

벌리고 싶어
꽃물 흐르도록

뽀얗고
붉은

오늘도 그대 품에서
한 송이 꽃이 되고 나비가 되고

가슴에 꽃잎 한 장

꽃잎 한 장 넣고 다니자
그 향기와 빛과 여린 미학에
온 생애의 비루함을 지우자

마른 꽃잎이면 어떠랴
부서지는 절망이면 어떠랴
희망을 노래하면 그 뿐

뚝
뚝
떨어지는 슬픈 향은 날리고

톡
톡
튀어 오르는 환희에 날개 달자

그만 흔들리자

좋았다 여겼어 세상과
하지만 대부분 어긋났지

후회하지 않는
삶 있으랴만

멍한 파란 하늘 보면
많이 외로웠구나 싶어

마음이 새벽을 달리는 기차 같아
전혀 분주하지 않지만 安住없는 언덕을 향한

견고한 레일처럼 사랑은 딱딱해지고
가늘고 긴 무심함은 기차와 함께 달리지

아프고 싶은 자 어디 있을까
그나저나 샛별이 빛나거든 전해줘

이제 젖은 눈시울 꾹 누르고
밝음에 기대고 싶은 거라고

저마다의 칙칙한 행보에서
그만 흔들리고 싶다고

짭조름한 울먹임은 이제 그만이라고

깊은 밤 지나

그리고 싶다
몽환의 입술로

촉촉한 기억
뒷짐에서 꺼낸

세상의
모든 번뇌

너는 매 순간
독주 같아라.

오롯한 그리움의 뿌리
붉고 검게 스미어

이윽한 토닥임

어느새
깊은 밤 지나

세월보다
더 깊이 잠이 들고

아침 햇살 마시다

(내게) 사랑은 그저 아픔이었기에
(너는) 지워진 이야기

홀로 울고 있는
이슬 같은 것일 뿐

어둠과 어둠을 지나는
긴 계단의 내리막

가녀린 행복이 흩어지네
하늘에서 검은 땅으로

빗방울로 떨어지는
아쉬운 걸음들

곤한 새벽이 가고
아침 햇살 번져오는데

한참을 서성이는
웅크린 그림자

제4부

너는 그렇게 가고

어느 밤 골목 어귀
뜨거운 기운 풍기고 있는데

자꾸만 궁금해지는 마음
이미 지난 시간 더듬는 마음

쓰러질 듯 기댄 사랑
습자지보다 여린 노래였어

그랬어, 그토록 가녀렸을
풋사랑이란 것

그 어느 밤에
너는 그렇게 가고

먼 곳에서 추억은
휘파람처럼 쓸쓸한데

비틀거리며 또 하루가
가고 있다

슬프다고 그리다

너의 불면에 낙서해 본다
희미한 오독이라고

너의 벽은 늘 검고 단단해
나의 말은 늘 포도 씨 같지

일그러진 입술로
흐려진 눈가를 스치는
외로움 같은 바람
하얀 두려움의 달빛

그러니까 사랑이란
무채색의 형태 없는 그림

정원에 피어난 명랑한 침묵이
네 것이었음을 또 스치듯 느끼고
천만년도 더 걸릴 사랑이 슬픈 건
천만년을 살지 못해서가 아니니

얼마나 덜컹거렸을까
소용돌이, 세상의 사이에서

비가 흩어진다.
밤의 바람 속에서

어두운 쪽으로 가는 생각을
이내 부여잡는다.

존재에 대한 슬픔 어루만지다

위태로웠던 거야
당신을 향해 기울이던 마음
비스듬해 아뜩했던 시간들

햇빛처럼 쏟아지고 흩어지는
이 세상을 덮을 만한 외로움
다시 태아가 되어 눈 감고 싶어

마음이 당신에게 닿기도 전에
아픔이 번져들어
마냥 서러웠던 나날들

흘러 넘쳐 출렁이는 슬픔에
서로의 부재가 아리다

직선이었던 나
항상 곡선이었던 당신

우리는 함께 흐르지 못하고

休

별과 별들이 움직이는구나.

고요에 갇힌 새벽의 정경

마음 그만 놓아야겠다.

슬픈 공기

온 힘 다해 삐져나오는
봄의 싹 너머
뾰족한 절망의 빛
하마 쓰릴까
버텨낸 허공
가련타

미련의 몸부림이 기울어진
마음 한 구석

도도하게 뱉으라.
호흡엔 분노 가득할지라도

비로 우는 하늘가부터
발끝까지 번지는
동안에라도

살아있고
살아 있음으로
더 간절함을 알겠으니

자욱한 어둠 헤치고
밝게 뽀얗자구나

바람이 부니

봄이 되고 싶다

가련한 마음이
3월의 바람 속에서
욕심을 꺼내

달큼하게 두 볼 감싸며
분홍빛 미소 듬뿍 품어
입술과 눈빛 가만 훑는

아, 자릿한
봄

안고 싶다

바로 옆에 있는
누구라도 안고 싶은 날

만질 수 없는 틈도 아름답다
그 틈에 끼어

자꾸만 바람이 불고
우리 이별도 사랑도
거침이 없다

또
저기
바람이 인다

아, 자릿한 봄.

우울한 날의 기록

비에 젖은 걱정의 감각들
많이 웃는 사람들 옆 역경을 닦는 사람들

풀들이 살찌는 시간에
비칠비칠 샛노란 싹이 돋고
점점 지워지는 것들이 있고

한 계단 한 계단 내려가면
빈 외침이 덜컹대고
비밀이 자라는 곳엔 날개가 있다

영혼을 찌르는 바늘의 끝은
꿰매는 통증을 알 리 없을 터

그래서 속삭이는
핏물에 스미는 굵은 슬픔들

자정 지나 새벽 네 시를 향하는 지금
쓴다, 씁쓸한 기록을

너를 지우다말고 또 쓰고 있다

날마다 날고 싶은 젖은 날개는

가느다란

가느다란 봄이 가고
마음에 작은 습지 놓았어요.

바깥의 어둠으로부터
슬픔이 떠올라 흩어지는데
해 설핏한 적막에 스며드는데

다음을 기약하기엔
너무 짧은 인생

달콤한 순간 즐겨요
두툼한 슬픔은 얇게 저며요

가느다란 청춘은 창백해졌고
소란한 부활에 입 맞추는 영혼들

행간을 떠도는 인연은 잡히지 않으니
소유했던 설레임은 접어요

방파제에 앉아

별이 떨어지는 걸 보고 싶어
조각배에 올라 노를 저으며
휘파람부는 파도에 생각 던지고

젖지 않은 마음 점점 넓혀가며
푸르른 여름밤이라면
한껏 안아도 좋을 이슥함에
사랑을 가둬도 좋을 거야

너와 나 사이에서
모든 별 떨어져 내려도 좋을 거야

깊고 긴 새벽

마음이 길 잃었을 때
자박자박 비 내릴 때

무덕무덕 쌓여도 말랑한
'그립다'는 말

고요에 묻혀
무럭무럭 떠오른 기억에

하얗고 포근한 행복
놓아 본다

그리운 사람끼리

가로등 봄밤에 젖고
봄비에 또 젖는 지금

그리운 사람끼리
전하는 소리 있어

하얗게 지새우네.
어둠에 물든 이 밤

다소곳한 심장 안팎으로
설레게 두근거리는 지금

세상이 모처럼 들떠
작고 여윈 마음에 울리네

그리운 사람들은
그렇게 서로 안고 안으니

더 빛나 애틋하게
아름다우리.

모르는 사이

밤은
오고, 그런 후 간다

불빛이 빛나면 밤
빛나지 않음 낮
우울이 천천히 거닐다 나를 잡는다

내 마음에 닿아
끝을 잡아 삼킨다

수많은 고립에 잠긴 스침의 절규가
애타는 삶의 절규임에
울음이 쏟아진다

행복한 시에 빠진 님이
밤의 대자연이 뿜어내는
아픔이 배회한다, 가능하게.

모르는 사이는 어느새
조건에 들러붙어
당당한 꿈이 된다

그래, 사랑하자
끝끝내 어쩔 수 없는 사이에 벌어진
짝사랑이더라도.

잠

당신은
꾸밈이 없습니까?

새로이 나를 찾는 시간에도 당신은 그저 당신일 뿐입니다.
매일 밤 익숙함으로 두드리지만 언제나 낯선 당신입니다.

때로는 흐트러진 마음을 다독여줍니다.
다가왔다가는 금세 멀어지기도 합니다.

당신 안에 쓰러지고 싶어 몸부림하는 어둠들 속에
하얗게 불태운 그림자가 서성입니다.
맨발로 맨몸으로 반죽된 영혼이 슬픈 입술로
감히 그대가 위대하다고 말해 봅니다.

더듬거리는 빛이 깜박이는 지금
슈만을 듣고 먼 나라의 민요를 들어도
당신을 취할 수 없는 불안의 시간들
속속들이 당신을 읽고 싶은 새벽입니다.

홀로 아름다운 당신에게 잠기고 싶어
하루하루를 지르밟는 시간이 아득합니다.

구부러진 고요가 나를 조용히 먹고
더 조용히 나는 먹히고 있습니다.

당신도, 당신도
부디 나를 먹어 주세요.

마음을 피하지마

거기 밤을 목마르게 하는 어둠이 있다
구름을 찾아 이야기를 끝없이 토하고 논하는 친구는
흙빛이 건조한 아픈 뒷골목을 어우르는 길이 되었지

너는 나를 헤매다 겨우, 겨워, 떠나갔다
마음이 마음을 헤매는 밤이 떠나가듯이
길지 않았다 인생이 그렇듯 사랑이 그렇듯

아직도 목이 마른 새날들
나는, 너는 갈증에 익숙해져야겠다.

당신을 만지는 날은

눈으로 손끝으로 가슴으로
당신을 온전히 느끼는 날엔
나는 내 안의 미소에도 만족한다.

당신을 만지는 날은 행복하다
찰랑찰랑 동그란 날개 보듬고
낮게 아래로 웃고 있는 당신

토닥토닥 적셔
나마저 나를 잊게 하는
섬세한 위로는 위대하다

빗금무늬로 세상을 채우며
마냥 생명으로 솟는
단비, 당신을 품는 땅이 웃는다.

시든 영혼이 더 빛나는 밤

얕고 작았던 마음
저녁에게 가만 놓아본다
단단한 미움도 온전한 불안도
하루를 보내는 회색빛에 휘휘하더니

조용히 비가 내린다
나를 보고 웃는다
웃는 비를 보고 나도 웃어본다
나풀나풀 웃어본다

깊어진다, 커진다 점차
마음은 저녁과 저녁의 비속에서
그렇게 찰랑이고 있다

검은 빛 위로
시든 영혼이 빛나는 밤이길

밝음으로 깊게 켜지길 바라는 시간이다

도무지

도무지 마르지 않는 생각
밤새 비가 내리고

사랑스런 것은 한없이 부풀기를
매일 밤 기도했다

나를 지우며 아팠던 수많은 날들을
그런 생각으로 견뎠다

둥글고 빛나고 이글거리는 태양
좋은 날씨가 좋은 기분으로 이어질 때

싹트는 모든 긍정
모든 설렘의 쿵쿵거림

도무지
나는 너를 모르겠어서

오늘도 너를
곱고 여린 눈빛으로 뚫는다.

그린다, 그녀

그녀는 아직도 포도알 같은 눈물 그리며
와인 빛 사랑에 통증을 느낀다
신열 속에서 마치 꿈속 인양

세포마다 뜨겁게 달궈져 끈적한
늙은 혈관들 너머 달콤한 정을 향한
그녀 마음은 이미 담쟁이 넝쿨 뿌리다
초록 눈물 뚝뚝 담벼락을 찍는

비스듬히 기대어 무럭무럭 자라나
해를 닮아 고요하게 입술 앙다문 침착으로부터
표현이 표현을 다듬는 시간을 그려 나간다

그곳에 그렇게 기대면
시선은 온통 우울한 초록

시련은 언제든 두근거리며 오기에
외로울 사랑처럼 설레기도 하는 것이다.

밀회

그의 비릿한 회색빛 삶에
짜릿하게 다가 온 그녀
매일 밤 그녀는 그를 위한 요리를 올리고
그는 그녀의 요리를 웃음으로 먹네

그의 침침한 동굴 같은 삶에
상큼한 빛으로 다가온 그녀
매 순간 그의 심장을 뛰게 하고
낡은 주름부터 온몸 세포까지 자극하지

바다 건너까지 닿을 그녀의 몸짓
바다를 달려 나와 그녀에게 닿는 그의 심장

밤과 새벽까지 둘의 밀회는 뜨거워
온 우주에 퍼져 별들도 잠 못 이루지

하루여!

하루를 잃어가고 있다
내 영혼이 앓는
삶 속으로

외로운 성분 가득한
깊은 음울이
떠다닌다.

꽉 차거나 텅 비거나
잃어지는 건 매한가지
외롭듯 시간이 간다.

공허한 어둠으로
빛났던 낮이 가라앉는다.
하루여! 잘 가거라.

오늘의 긴 아픔도
다 가져 가거라.
하루여!

일어나야 한다

아픈 마음이 넘어져
상처가 슬픔으로 흐른다

멀리서 스치는 바람이 운다
일어나야 한다

심오한 사랑에 내동댕이쳐졌다
기꺼이 일어나야 하는데
설 자리도 허방 짚을 손도 없이
쿵 내려앉는 마음이여

잘린 사랑만 덩그러니
부서진 **뼛속**을 헤매고 있다

굳어진 심장이 검은 돌로
변해만 가고 있다

가까이서 바람이 온기를 품고
이젠 일어나야 한다

無理

그대 맘 안아주지 않는다하여
비처럼 울지 말아요

해 기우는 창가 같은 쓸쓸은
이제 그만 걷으세요

더 이상 분노에 젖은 악마는 되지 마세요
지옥을 딛고 서서 천국을 보아요

흔들리던 지상의 생
꽃 보다 더 예쁜 삶이었노라고

네, 그랬다고
그랬노라고 외쳐보세요

이제 비틀거리는 고뇌
흔들리던 욕망 모두 버리세요

그리고 눈물을 훔치세요
불끈 쥔 주먹으로

깊은 안도 더 깊은 정으로
머무는 경계의 시린 선에 닿으세요

제5부

슬픈 생

쓰러진 내 고단한 그림자
누이니, 검은 그림자
더 깊이 누웠더라

담겼더라
숨, 고르지 않더라

차이는 돌멩이 같은 시간들
영영 그리운 핏줄기

샘솟는 비애의 탄식
거기 머무는 청춘들

아프다
아파서 더 아플

고흐의 〈슬픔〉을 안는다
깊이

외로우니

눈 뜨고부터
눈 감을 때까지 참았다, 눈물

구석에서부터 중앙까지 나오며
참고 참았다, 울음

조절이 중요하다
감정과 이념과 사상의 느낌 속에서는

오늘의 그녀도 오늘의 그도
쉼표에 머무는 건 살기 위함인 것을

제발

간절한 것에 눈길을 줘라
외로우니까, 삶

우리 서로

우리 서로 다른 색깔의 사랑일지라도
눈 시리게 아름다울 수 있으리
고백의 생은 지루하지 않음으로

꿈속에서 잃어지는 내 그림자에
처량하게 머무는 시선 뭇별로 떠돌리.
허무함은 속절없이 부드럽구나.

우울하게 피곤한 날에

손을 아무리 흔들어도
쳐다보지 않음 모르는 거지

아무리 손 내밀어 잡길 원해도
잡지 않으면 인연이 아닌 거고

맘이 같을 순 없지
하지만 사랑이라면

서로가 바라는 보는 거고
손 내밀면 잡아는 주는 거야

그래 그게 사랑이지
한 사람이 다른 한 사람보다

덜, 혹은 더 사랑한다 해도
그래 그것 또한 사랑인거야

서로의 사랑이든
혼자만의 사랑이든

외로움이 한가득 오늘을 잠식하네
그 늪에 점점 빠져 들어가네

차 한 잔 마시며

마른 가지 위
쓸쓸한 마음에 앉아
비어가는 풍경 바라봅니다.

촉촉한 눈빛은
애잔하게 절룩거리는
찬바람에 기대봅니다.

나뭇잎은 더 야위어가고
세상의 미련은
그 누구에게도 있겠지요.

바람에 날리는 잎들이
발밑으로 쓸려 왔다가는
다시 무심히 어디론가 흩어집니다.

기다리지 않아도
애태우지 않아도
점점 더 가까워지는
세상 밖으로의 여행

차 한 잔 마시며
보이는 것, 생각에 잠기는 것
가만 보듬어 보는 계절입니다.

고마워요 당신

마음이 힘들 때
가장 먼저 생각나는 사람

가슴이 시릴 때
따스하게 안아줄 수 있는 사람

외로워 눈물 날 때
토닥토닥 어깨 감싸주는 사람

당신은 그런 사람입니다
단 한 가지 소망 있다면

온기가 되고 싶습니다
당신의 세상에 오롯이

내 생애에 가장 행복한 일입니다
당신과 함께하는 건

심장, 빛의 속도로 두근거리게
좋은 사람아

後

밤이 어둠 물고
떨어진다. 검은 빛으로

깊어가는 공허의 빛 안에
미련의 비춤 없기를

바라는 아린 맘
서늘하다

이미 기억 밖으로
버려진 하얀 이야기

나에게
― 그리고 너에게

비어진
여백의 외로움

흐르는 침묵의 거대함

우느냐
아서라. 그 마음

접혀진
자리가 따뜻하구나.

어이 가야하나
흠모의 세상 뒤로

고요

쓸쓸에 묻힌 그림자 빛
사이에 머물다

자꾸
꿈틀거리는 소리

未忘에 갇혀
여전히 섬세하구나.

경계의 푸른빛

다시 깨어난
슬픔

발가락이 움찔하는
시간이다

고운 쉼표

고단한
해 저물면

하나
둘

밝혀지는 불빛은
얼마나 아름답고 그윽한가.

따뜻한 숨결로
고요히 가슴에 노을처럼 물들면

뿔났던 순간도
고개 숙인 절망의 무게도
이내 사라져 버리고

오로지 무한
너그러운 미소 번진다.

저녁은
시작을 위한 고운 쉼표다

이윽하구나

허무에 쌓인
밤과 밤 속의 나

이윽한 어둠
잘려지는 하루

부서지는 빛
가쁘게 깊어가고

암막에 두 발 묶인 채
오늘이 가고 있다

힘내자
막막한 삶은

그리고 잊자
먼지 같은 인연

오점

돌멩이에 짓눌린
기억의 찌꺼기

끝에서 일렁이는
조각난 상처

끝에서만 달랑이는
정령의 메아리가 운다

겨울이야기

언
모든
것들은
아스라이

한
겨울
견디며
따뜻해라

오
그대
사랑도
그럴진대

눈
허공
빛내는
해탈이니

춘
겨울
온유로
아늑하라

하얀 이야기

상처 난 사랑
추운 겨울은

반짝이는 香雪
영혼의 순연한 넋

안락의 가련함
축축한 적요

붉은 열망이 퍼진다
숨 닿는 곳까지

떨림

따스한 떨림이길
미완의 사랑

세상에 달뜬 여자 아이
꿈속의 내 그림자

사뿐한 분홍의 미소
일상이 보석이라는

바람의 귀띔 생생히
혈관마다 넣으며

아주 조금만 더
천천히

느끼고 싶다
이 떨림

12월과 1월 사이에서

지나가는 시간이
또 밑줄 그으며 나를 본다

엎드린 고통을
다독이는 겨울 햇살

구름의 시린 눈짓에
하늘이 운다

또다시 한걸음 옮기면
바짝 다가오는 하얀 그림자

어제가 내일의 희망이길
소중한 생에 갈피를 끼워본다

집착

영혼이 외롭더라도
널 찾지는 않으리.

집착은 외로운 잔해
고독이 스민 핏물

뚝 뚝
떨어지며
심장을 핥는다.

날름거리는 새벽
질투의 안개를 걸치고

그럼에도

그럼에도
어느 날 문득
외로움에 지치면
나른하게 부는 바람으로
너에게 전화를 하리라

그럼에도 싹둑
잘려나가지 않는 비애

찰싹 달라붙어
머리를 헤집으면
보고 싶다 마음을 전하리라

그럼에도
너는 늘 不在

어둠 뚫을 빛이길

보고 싶었노라
한 마디라면
하르르 무너지겠네.

두근거리며
솟구치는 핏물
품에 포르르 가 닿겠네.

눈 쌓여 빙하된
단단한 마음 사르르
녹다 흐르는데

거기 있는
독한 그대여
부디 어둠 뚫을 빛이길

외로운

오도카니

침묵만 흐르네

외로움이
외로움에 빠져

벽이 벽에게도
말 걸지 않는 날에

별들이
눈물을 글썽이네

빈 고독

빈 방
가득 너를 가두고

비어진 밤에
온통 스며드는 통증

아우성치는
침묵의 그림자 안고

마른기침을 하는 새벽

기침으로
나는 살아 있다

거기

오늘의 먼지를 닦는다
모난 내 심장을 다독이듯

켜켜이 고인 잡냄새 걷어내며
세상을 청소하고 싶다

비릿했던 청춘아
고백해봐라

끝끝내 무엇이
중요했는지

계절이 서성인다
뭐라 답도 못하고

거기
웃지 마라, 비애

| 작품해설 |

건강한 마음을 향한 서정의 순례

송기한
대전대학교 국어국문창작학과 교수

1. 훼손된 마음, 혹은 병든 영혼

박향숙 시인의 『너의 말끝엔 언제나 이별이 묻어 있다』는 대상과의 관계에서 나오는 여러 정서의 물결로 가득 채워진 시집이다. 그 대부분의 감각이 시인의 내면과 결부됨으로써 서정의 진면목을 보여주기도 한다.

내밀한 정서와 그에 대응하는 대상과의 조밀한 결합의 실패가 가져오는 이런 페이소스는 실상 서정시가 헤쳐나아가야 할 중심 화두 가운데 하나라는 측면에서 무척 의미있는 것이라 할 수 있다. 시인은 그러한 표명을 통해서 서정시가 담보해야만 할 리리시즘을 매우 충실하게 구현하고 있는 경우이다.

리리시즘은 서정 양식의 일반적 특징이지만, 그것이 내면의 심층과 분리하기 어렵게 결합될 때, 그 정신이 더 온전히 발산되는 것으로 이해되어 왔다. 하기사 서정시가 주관의 영역과 불가분하게 결합된 양식이라는 사실을 전제하게 되면, 이런 진단은 그 참신성을 인정받기 어려운 것이기도 하다. 그러나 시인은 이런 관습의 굴레로부터 어느 정도 거리를 둔다. 시인은 이번 시집에서 그런 리리시즘의 구현을 자신의 내밀한 영역에서 찾되, 그것을 하나의 전략적 이미지로 구사함으로써 자신만의 고유성을 확보하고 있다.

그러한 이미지 가운데 하나가 바로 '마음'이다.『너의 말끝엔 언제나 이별이 묻어 있다』를 꼼꼼하게 읽어보면 대번에 알 수 있는 것처럼, 이 시집을 통어하고 있는 주된 이미지는 바로 이 정서인 까닭이다. 서정시가 일인칭 자기 고백의 장르이기에 '주관'을 내세우거나 '자아'를 표나게 드러내는 것은 지극히 자연스러운 일이다. 그리고 그 특징적 단면을 드러내는 것이 자아의 내밀한 부분들인 '마음'이라든가 '가슴', 혹은 '영혼' 등등을 그 전략적 소재로 내세우는 것도 당연한 것이라 할 수 있다.

하지만 이런 자연스러움에도 불구하고 서정시에서 '마음'을 전략적인 지배소로 드러내는 것은 예사로운 일이 아니다. 그것은 이미 단순한 소재 차원이 아니라 어떤 초월의 장에서 의미의 자장이 만들어지고 있음을 시사하는 것이기 때문이다.

우리 시사에서 '마음'을 시의 중심 소재로 두고 서정시의 영역을 개척한 일은 사례는 많지가 않다. 그렇다고 전혀 없지도 않은데, '마음'을 전략적 이미지로 내세운 시인은 잘 알려진 대로 김영랑이다. 그는 많지 않은 시편을 남겼지만, 그 대부분의 작품들이 이 정서와 밀접한 관련을 맺고 있다. 그의 시학은 마음에서 출발하여 마음에서 종결했다고 해도 과언이 아닐 정도로 이 소재가 이 시인의 중심 소재로 자리하고 있다. 영랑이 이렇게 '마음'을 시의 중심 소재나 의미의 축으로 내세운 것은 이 시기의 시대적 맥락과 분리하기 어려운 것이었다. 그는 일제 강점기라는 불온한 현실과 타협하거나 그 세계에 안주하고자 하는 생각이 전혀 없었다. 그러기 위해서는 자신의 순수한 영혼을 그러한 오염으로부터 지켜야 했다. 그리하여 외부와 차단된 '마음'을 맑고 깨끗한 세계와 곧바로 연결시켜야 하는 작업이 필요했다. 그 서정적 염원이 만들어낸 것이 "돌담에 속삭이는 햇발같이/내 마음 고요히 고운 봄길 위에 오늘 하루 하늘을 우러르고 싶다"에서 보듯 맑고 순수한 세계였다.

　박향숙 시인이 '마음'을 시의 전략적 이미지로 내세우고 있다는 점에서 보면, 이 시인은 시사적 국면에서 볼 때, 영랑의 정서와 그 맥이 닿아 있다고 할 수 있다. 하지만 영랑이 추구했던 마음의 정서와 박향숙 시인의 '마음'은 닮은 듯 하면서도 다른 경우이다. 영랑은 순수한 마음을 지키기 위해, 그리고 이를 보존하기 위해 맑고 깨끗한 세계와 등가관계로 놓고자 했다. 그러나 박향숙 시인의 마음은 영랑과 달리 이미 상처를 받은 터였고, 그 결과 그의 '마음'은 훼손된 상태였다. 시인의 표현대로 자신의 마음은 '건강한' 것이 아니라 '멍든' 것이었기 때문이다. 영랑은 건강한 마음을 가진 반면, 박향숙 시인은 훼손된 마음을 가졌던 셈이다. 그러나 공통점이 있다. 바로 서정의 치열한 여행을 떠난 일인데, 영랑은 이를 지키기 위해서, 그리고 박향숙 시인은 이를 치유하기 위해서, 치열한 순례의 길에 나선 것이다.

  박향숙 시인의 '마음'은 편편치가 않다. 무언가로부터 받은 상처로 아파하고 있고, 그것이 원인이 되어 자아와 세계 사이의 동일성 감각을 상실했다. 건강함을 유지하기 위한 매개가 없었거니와 또 치유할 수 없을 정도로 많은 상처를 받아오기도 했다. 그러면 어떤 무엇이 시인의 '마음'에 상처를 주고, 또 동일성의 감각을 잃게 한 것일까.

  시인의 작품 속에서 '마음'이라는 전략적 이미지가 많다고 했거니와 또 이에 비례해서 상처받은 마음의 이미지를 읽어내는 것 또한 어렵지 않은 일이다. 동일성이라든가 완결성의 감각으로부터 멀리 떨어져 나온 데에서 얻어진 상처들은 어느 한두 가지 요인에 의해 형성된 것이 아니다. 그것은 여러 경로를 통해서 획득된 것인데, 그만큼 시인은 존재의 완결성과는 거리가 먼 상태에 놓여 있었다. 시인이 얻은 '마음'의 성처들은 몇 가지 갈래로 나누어 살펴볼 수 있는데, 그 가운데 하나가 '그대'의 부재이다.

    비 내리는데
    우산을 주지 못했다

    네 마음이 온통 흐르는데
    닦아주지 못했다

여전히 비 내리고
강과 바다에서 슬피 젖는데

뜨거운 눈물이 섞이고 섞이어
여기 시린 심장에 닿는데

헤매이는 맘에
자꾸 멍이 드는 또 다른 맘

아프게 내리는 비에
더 아프게 젖는 빗방울

비 내리는데
우산을 주지 못했다
—「비는 내리고」 전문

 이 시를 지배하는 것은 우울의 정서이다. 지금 서정적 자아는 비내리는 거리에 서 있고, 그의 곁을 지키고 있던 '그대'의 부재를 깊이 받아들이고 있다. 이런 상황이 만들어진 것은 무엇보다 '그대'의 부재에서 발생한 것이다. 그런데 이런 상황을 더 심화시킨 것이 배경적 이미지로서의 '비'이다. 비는 하강의 정서를 담고 있기에 '그대'의 부재는 시인의 정서를 더욱 아래로 끌어내린다. '그대'의 부재와 이를 더욱 애잔하게 만드는 외적 환경은 시인의 '맘'에 크나큰 상처를 가져다준다. 그리고 이를 더욱 추동한 것이 '우산'이다. 우산 없이 보낸 '그대'와, 그런 상황이 만든 자아의 애틋함이 시인에게는 견딜 수 없는 우울의 정서를 갖도록 한 것이다.

여기서 '그대'가 무엇을 내포하는 것인지를 유추해내는 것은 쉽지 않다. 그것은 시인의 마음속에 간직된 '님'일 수도 있고, 존재론적 완성을 위한 어떤 근원일 수도 있다. 하지만 그것이 어떤 구체적인 실체로 굳이 명명될 필요는 없을 것이다. 그것은 시인의 '마음' 속에 남아있었던, 전일적 자아를 형성하고 있었던 것임은 분명하기 때문이다. 그런데 시인과 유기적 일체감을 형성하고 있던 '그대'는 시인으로부터 작별을 고하고 떠나갔고, 그 여백이 시인의 가슴 속에 깊이 각인됨으로써 시인에게는 크나큰 상처로 남아있게 한 것으로 보인다.

바람소리에 섞인
길고 긴 밤

모든 건
마음에서 일어나
마음으로 사그라지는데

문득 영혼의 날개 짓 차디차
고이 잠든 가슴 멍울지고

깊디깊은 설움
삶의 노래로 흐른다

어찌해야 하는지
숨 막히는 적막의 골과 골 사이에서

끊임없이 들고 나는 물거품 같은 영혼을
―「어긋남」 전문

제목이 시사하는 것처럼, 이 작품은 기대하는 것과 일어나는 것의 상위가 가져올 수 있는 불편한 현실을 말하고 있다. 여기서 기대하는 것이란 마음의 세계, 곧 욕망의 세계일 것이고 일어나는 것은 그 허망한 결과들일 것이다. 그런 면에서 이 작품은 존재론이라는 형이상적 국면과 밀접한 관련을 맺고 있다.
　인간은 욕망하기에 억압으로부터 자유롭지 않다고 했다. 욕망은 근원적인 것이면서 존재론적인 것이기도 하다. 인간은 이 욕망으로부터 자유로울 수도 있지만 그렇지 않을 수도 있다. 하지만 자유롭게 된다는 것은 절대적인 영역에서나 가능할 뿐, 지금 여기의 일상에서는 불가능한 일이다. 시인이 받은 가슴의 상처는 인간이 처한 이런 근원적인 조건에서 얻어진 것이라 할 수 있다.
　"모든 것/마음에서 일어나/마음으로 사그라지는데"라는 것은 결국 마음의 문제로 귀착되는 것임을 말해준다. 어떻게 마음먹는가에 따라서 인간의 조건이 달라질 수 있고, 존재의 자유도 확보될 수 있을 것이다. 그러나 그것은 그리 간단한 일이 아니다. 이는 곧 절대적의 영역에서나 가능한 것이고, 열반과 같은 종교적 이상에서나 실현가능한 일이기 때문이다. 그렇다고 그러한 시도가 포기되지는 않는다. 무척이나 난해하고 힘든 과정이지만 시도되어야 한다. 그러나 그 과정에서 좌절의 정서 또한 피할 길도 없다. 시인이 받은 상처는 거기서 얻어진 것이다.

가을을 걷고 있습니다.
나무라지 마세요.

축축이 젖은 마음, 추스르지 못해
부서져야만 하는 낙엽 위에서

사부작대는 설움일지라도
부디 나무라지 마세요

마른 기억의 저 편
둥실 떠가는 미소가

그 때의 행복이지 않더라도
누군가는 지금 소중히 안고 스치겠지요.

보아주세요. 꽉찬 편견들 속 질투와
꿈틀대는 오만 사이에 서성이는 영혼을

지금은 마냥
가을을 걷고 있습니다.
　　　　　　―「가을을 걷고 있습니다」 전문

　작품의 표현대로 시인은 지금 가을 속으로 편입된 채, 거기서 자신의 존재성을 확인한다. 그의 마음은 이미 상처로 가득 차 있다. '그대'와의 작별을 통해서, 혹은 존재론적인 욕망을 통해서 그의 마음은 전일성을 잃어버리고 만 것이다. 그런 상처가 서정적 자아로 하여금 반성과 회고라는, 가을의 신화성으로 틈입하게끔 만들었다. 말하자면, 그는 가을이라는 성찰의 시간으로 여행을 떠나고 있는 것이다.

　시인이 여행을 떠나는 것은 치유라는 정서를 탐색하기 위해서이다. 이를 향한 과정이 서정의 추진력, 서정의 견고한 밀도이다. 그 역동적 힘이 「가을을 걷고 있습니다」에서 나타나는데, 이 작품에서의 상처는 앞의 사례들과는 다른 경우이다. 물론 여기서 생성된 일탈의 정서 또한 '마음'과 분리하기 어려운 것이긴 하지만, 그것들이 윤리적 실천과 결부되어 있다는 점에서 그 고유성이 확보된다. 상처의 이 같은 전환은 관념의 외피와는 어느 정도 거리를 두고 있는 경우라 할 수 있다.

　어떻든 시인의 마음은 또다시 '상처'에 노출되어 있다. 그의 내밀한 정서의 뒤안길에는 "꽉 찬 편견들 속 질투"와 "꿈틀대는 오만"으로 가득차 있다. 그러한 정서들이 어쩌면 '그대'에게로 향하는 길을 차단하는 벽일 수도 있고, 욕망으로 가득차 있는 자아의 원형질일 수도 있을 것이다. 하지만 '질투'와 '오만'이 윤리적 감각에 기댄 정서라는 점에서 그의 마음 속에 형성된 상처들은 한층 사회적 음역에 가까운 것이기도 하다.

　시인의 '마음'은 전일적이지 않을 뿐만 아니라 서정적 동일성이 확보되지 못한 경우이다. 시인은 다양한 경로 혹은 여러 원인으로 인한 상처를 받아온 터이다. '그대'의 부재라든가 '욕망'이라는 근원적 문제, 그리고 사회적 편견 등등으로 인한 많은 생채기를 받아 왔다. 그리하여 '슬픔을 감각케 하는' 구겨진 마음'(「그런 날」)이 있는가 하면, 사랑으로 인한 '찢겨진 마음'(「더 사랑한 자의 몫」)도 남겨져 있다. 시인의 정서는 이렇듯 여러 부재와 일탈 속에서 다양한 상처를 앓고 있는 것이다.

2. 상처의 간극을 치유하는 다양한 의장들

시인이 받은 마음의 상처는 어느 한 가지 요인에 의해서 형성된 것이 아니다. 온전한 마음을 흠집내는 서정의 여러 결락들이 모여서 푸른 멍이라는 생채기로 모여진 것이, 그 훼손된 마음의 상태였다. 그렇기에 그 결손을 메우기 위한 열정 또한 여러 실타래로 구성될 수밖에 없었다. 그를 향한 순례가 서정의 에네르기이고, 열정을 만들어내는 자장이 될 것이다.

마음의 상처를 가져오는 요인들이 무척 다양함에도 불구하고 이를 향한 서정의 표백이 비례해서 복잡할 필요는 없을 것이다. 그것은 자아와 세계 사이의 거리, 다시 말하면 건강한 마음을 훼손하는 일종의 거리감에서 찾을 수 있기 때문이다. 이를 서정적 거리라고 할 수 있거니와 실상 시인의 맘에 형성된 푸른 멍의 여울들은 모두 이 거리가 만들어내는 것들에서 기인한다. 이는 조화감의 상실이라고 할 수도 있고, 자아와 세계 사이에 내재하는 견고한 틈이라고 할 수도 있을 것이다.

대상을 향한 거리감, 그리고 그 여백이 마음의 멍을 만든 근본 요인들인데, 시인은 그 간극을 메우기 위해 힘찬 발걸음을 내딛기 시작한다. 간극 좁히기와 메우기의 의장이 그러한데, 이러한 시도들은 여러 방면으로 시도된다.

망설임 끝에 드리운
작은 속삭임 '그리워요'

설레임 가득 담긴
깊은 속삭임 '사랑해요'

외로움 밀어내며
미소 띤 속삭임 '행복해요'

잔잔히 스미는 세상의 아름다움
오로지 그대 향한 울림입니다.
―「울림」 전문

   이 시를 이끌어가는 힘은 소리의 의장이다. 대상을 향한 서정적 자아는 '망설임'과 '설레임', 혹은 '외로움'의 정서들로 가득차 있다. 이는 대상과 합일할 수 있을 것이란 기대감 없이는 성립하기 어려운 정서들의 묶음인 것이다. 기다림이 있기에 '미래'가 있고, 기대가 있기에 '희망'이 있는 것이다. 그렇다면, 그 미래란, 혹은 희망이란 무엇일까. 작품에서 그 일단이 드러난 바와 같이 그것은 "그대에게로 가는", 미래적, 희망적 메시지라 할 수 있다.

   서정적 자아가 소리를 통해서 그대에게로 가고자 하는 것은, 그대와 서정적 자아 사이에 형성된 거리를 메우고자 하는 열망 때문이다. 소리는 그러한 간극을 메우는 형이상학적인 질량에 해당된다. 따라서 그것은 자아와 그대 사이에 놓인 다리를 연결시켜주는 매개이다. 작품의 마지막 연이 이를 잘 말해준다. 그대를 향한 '그리워요', '사랑해요', '행복해요' 등은 "잔잔히 스미는 세상의 아름다움"과 "오로지 그대 향한 울림"의 메시지, 곧 채움의 담론들이기 때문이다.

 울림은 자아와 대상 사이의 거리를 꽉 채워준다. 그런 밀도는 거리의 무화로 현현한다. 이제 나와 그대 사이의 거리감은 더 이상 유효하지 않다. 둘 사이의 간극이란 이제 존재하지 않는 까닭이다. 거리를 좁히는 의지, 틈을 메우는 노력을 통해서 자아와 대상 사이에 놓인 간극은 이렇게 사라지게 된다. 그것이 마음의 상처를 치유하는 자아의 도정이다.

   만지고 싶어
   봉긋한 그 끝을

   벌리고 싶어
   꽃물 흐르도록

   뽀얗고
   붉은

   오늘도 그대 품에서
   한 송이 꽃이 되고 나비가 되고
      ―「봉오리」 전문

 서정적 합일을 위한 시도는 「봉오리」를 통해서도 읽어낼 수 있다. 거리나 간극은 그 틈을 좁히거나 채움으로써 하나의 온전한 물상이 될 수 있을 것이다. 물론 이렇게 하나가 되는 것이 화학적 결합을 통한 물리적 단일화를 의미하는 것은 아니다. 거리의 극복을 통한 유기적 동일성이 확보되면 그만이기 때문이다.

  시인은 대상과 화해할 수 없는 거리감으로 말미암아 마음의 상처를 입은 터였다. 그 상처가 깊고 오래됨으로써 마음은 푸른 멍으로 전화된 상태이다. 그래서 시인은 그 초월을 위해 순례의 길을 떠났고, 그 도정에서 발견한 것이 거리 좁히기 혹은 메우기의 전략이었다. 소리를 통한 채움의 전략이 그 하나였다면, 「봉오리」 역시 그 연장선에 놓이는 작품이다. 그러나 비슷한 전략에도 불구하고 그 방법적 의장에 있어서는 매우 다르다. 「봉오리」는 2연에서 보듯 '물'이 그 역할을 대신하고 있기 때문이다.

  '물' 역시 자아와 대상을 좁혀나가는 좋은 매개이다. 지금 자아 앞에 높인 대상은 꽃이다. 하지만 그 꽃과 자아는 거리 때문에 화해할 수 없는 처지에 놓여 있다. 이를 가능하게 하는 것은 그 속에 육박해 들어가는 방법 밖에 없는 것인데, 이를 위해 자아는 꽃물로 존재의 변이를 시도한다. 벌어진 틈을 메워가는 데 가장 유효한 매개란 흐르는 속성, 곧 물과 같은 것이어야 가능하기 때문이다.

  박향숙 시인에게 '물'의 이미저리는 매우 중요한 의장 가운데 하나로 자리한다. 실상 이만큼 자아와 대상 사이의 거리를 채울 수 있는 좋은 매개도 없을 것이다. 그것은 시각적 효과에서도 그러하고 촉각적 효과에서도 그러하다. 「봉오리」의 꽃물 이외에도 '그대'에게로 향한 시인의 시도는 다양한 변주를 통해 이루어진다. '바닷물'(「슬픈 그리움」)이 되기도 하고, 혹은 '빗물'(「그리운 사람끼리」)이 되기도 하면서, 무뎌진 감각을 되살리고 멀어진 대상과의 거리를 계속 좁히고자 하는 것이다.

  동일성을 향한 시인의 시도는 가열차다. 이를 수행하는 시의 의장이 감각적 이미지의 활용이다. 이는 동일성을 확보하는 전략에서 가장 유효한 것으로 이해된다. 이질적인 것들이 하나의 동일성으로 회귀하는데 있어서 감각만큼 좋은 수단도 없을 것이다. 그렇기에 이런 감각적 이미지들은 계속 시도된다.

>꽃잎 한 장 넣고 다니자
>그 향기와 빛과 여린 미학에
>온 생애의 비루함을 지우자
>
>마른 꽃잎이면 어떠랴
>부서지는 절망이면 어떠랴
>희망을 노래하면 그 뿐
>
>뚝
>뚝
>떨어지는 슬픈 향은 날리고
>
>톡
>톡
>튀어 오르는 환희에 날개 달자
>   —「가슴에 꽃잎 한 장」 전문

이 작품이 활용하고 있는 의장 역시 감각적 이미지 가운데 하나인 후각이다. 동일성을 향한 감각 가운데 후각 역시 좋은 매개가 하나가 된다. 그것은 모든 물상들을 하나로 묶어내는 좋은 매개인데, 동물들이 이런 감각에 의해 자신들의 동일성을 확인하는 것은 익히 알려진 일이다. 따라서 냄새 감각, 곧 후각이 만들어내는 동일성의 경험은, 이질적인 너와 나를 하나의 장, 동일성의 경험지대로 이끌어내는 강력한 수단이라고 할 수 있다.

「가슴에 꽃잎 한 장」이 이용하는 후각은 향기이다. 이 감각은 너와 나를 공동의 장으로 인도하는데, 실상 꽃잎은 나만의 소유에서 그치는 것이 아니다. 그것은 너에게도 동일한 주권을 요구한다. 이렇게 형성된 공동의 지대들은 이질적 대상들을 하나의 장으로 이끌어낸다. 그리고 이를 토대로 "온 생애의 비루함을 지우자"고 하는 새로운 경험의 지대로 비상하기도 한다. '온 생애의 비루함'이 공동의 장이 부재한 현실에서 만들어지는 것임은 익히 보아온 터인데, 시인은 그러한 부재를 향기라는 매개를 통해서 채우려 하는 것이다. 거리가 만들어낸 상처들은 이 향기가 매개됨으로써 이제 더 이상 상처로 남아있지 않게 된다. 향기로 하나가 된 동일성, 대상과의 일체성은 이제 생의 건강성으로 전화하게 되는 까닭이다. 그것이 곧 '희망'의 메시지가 된다.

갈등과 번민 사이
참혹한 질투

창백하다
너를 향한 메아리

우수에 잠긴 밤
떠도는 별무리의 심장

뛴다 떨린다
오늘을 살아 낸 호흡

가까이 더 빠르게
닿고 싶다

마침내 마침표
너에게

아!
사랑하고 싶다
　　　―「너를 생각하다」 전문

  시인의 작품 세계에서 대상과의 거리를 좁히는 데 있어 또 하나 간과해서는 안 될 중요한 사유가 있다. 바로 사랑이다. 대상을 향한 발걸음을 차는 데 있어서 사랑도 무척 중요한 요인이기 때문이다. 사랑은 대상 사이의 간극을 좁히고 모든 것을 하나가 되게 한다. 이번 시집을 꼼꼼하게 읽어보면, 사랑에 관한 시나 소재가 많이 등장하는 것도 이와 무관하지 않다. 이는 곧 사랑이 그의 시에서 차지하는 함량을 말해주는 것이라 하겠다.

3. 사랑을 통한 건강한 마음, 그 정점으로서의 그대

박향숙 시인의 작품 세계를 이끄는 주요 동인은 '멍든 마음'이다. 이는 동일화를 위한 대상의 부재에 따른 것이었다. 그 아픈 경험이 자아를 유폐시켰고, 그 고립감으로 시인의 가슴은 상처를 입게 되었다. 「존재에 대한 슬픔 어루만지다」는 그러한 시인의 자의식을 잘 보여준 작품 가운데 하나이다.

>위태로웠던 거야
>당신을 향해 기울이던 마음
>비스듬해 아뜩했던 시간들
>
>햇빛처럼 쏟아지고 흩어지는
>이 세상을 덮을 만한 외로움
>다시 태아가 되어 눈 감고 싶어
>
>마음이 당신에게 닿기도 전에
>아픔이 번져들어
>마냥 서러웠던 나날들
>
>흘러 넘쳐 출렁이는 슬픔에
>서로의 부재가 아리다
>
>직선이었던 나
>항상 곡선이었던 당신
>
>우리는 함께 흐르지 못하고
>　　―「존재에 대한 슬픔 어루만지다」 전문

대상으로 나아가는 길이 차단된 자아는 지금 위태로운 상태에 놓여 있다. "당신을 향해 기울이던 마음"은 항구적인 것이었지만, 자아는 위로받지 못한 까닭이다. 하지만 동일성을 향한 서정의 열기는 좀처럼 식을 줄을 모른다. 시인이 이미 여러 다양한 일차적인 이미저리들을 통해서 이 감각의 회복을 위해 노력했기 때문이다. 그 도정만으로도 상처받은 자아는 어느 정도 자기 위안을 받았고, 치유라는 초월의 장도 마련할 수 있었다.

「존재에 대한 슬픔 어루만지다」에서 시도되는, 동일성을 향한 자아의 전략은 매우 절박하다. '위태로운' 정서와 '비스듬한' 시간성에 노출되어 있는 까닭이다. 그런 위기의식이 자아로 하여금 유년의 시간을 발견하게끔 한다. 유년의 시간이 자아의 일체성이라든가 동일성이 가장 잘 보존된 것이라 할 때, 과거로의 이런 퇴행적 행보는 시의적절한 것으로 이해된다.

자아의 마음에 상처를 남긴 요인은 동일성의 상실이다. 특히 '그대'와 함께 하지 못하는 부재의 상황은 그 상처를 더욱 크게 만들었다. 마음 속에 "흘러 넘쳐 출렁이는 슬픔"은 그런 자아의 단면을 잘 보여주는 것이라 하겠다.

이 작품에서 보듯, 자아와 대상, 자아와 당신은 공존의 무대를 찾기가 쉽지 않은 관계이다. "직선이었던 나"와 "항상 곡선이었던 당신"이 하나의 공통 분모를 갖는 것은 불가능했기 때문이다. 이를 찾기 위해서, 그리고 그 아름다운 조화를 위해서 자아는 끊임없이 노력했다. "우리는 함께 흐르지 못하고" 늘상 따로따로 흘러왔기에.

너의 입술은
오므라드는 저녁 같아

너의 침묵은
파란 심장 안에서 할딱이고

외롭지 않은 날을
손꼽아 기다리며 기다리다

너의 눈물을 보면
나의 눈물을 잘라야했다

너의 사랑을 잊으려고
술을 마시는 날이 늘어만 가고

쓸쓸할 땐 멜랑콜리한
시를 읽었다

너의 말끝엔
언제나 다정이 묻어 있지만

'사랑해'의 '해' 끝은 유난히
아릿할 때 있다

예민한 촉수로 톡
한없이 깊이 다가올 때 있다

너에게 끝도 없이 다가서고 싶지만
움츠러드는 마음이 있다
　　―「너의 말끝엔 언제나 이별이 묻어 있다」 전문

시집의 제목이기도 한 이 작품이 시사하는 바는 제법 크다고 하겠다. 독자에게 깊은 정서적 울림을 주는 것도 그러하거니와, 자아와 대상 사이에 놓인 거리가 결코 만만치 않다는 것을 일러주고 있기 때문이다. 자아와 대상 사이에는 '직선'이 있고 '곡선'도 있다. 그 상위란 이들의 관계가 결코 화해불가능한 거리로 단절되어 있다는 것을 말해준다. 포개질 수 있지만, 결코 동일한 모양을 만들어내지 못한 결들이 존재하는 것이다. 가능과 불가능이 만들어내는 이 기묘한 역설이 이들 사이에 내재하는 바, 대상을 향한 서정적 자아의 초조감이 형성되는 것은 이런 상황과 무관하지 않다. 그런 불가해한 조형성이나 선험적 거리감이 만든 정황이 움츠러드는 나의 '입술'과 너의 '침묵'을 만들어낸다.

자아는 자유롭게 발언할 수 있는 '입술'을 가졌다. 그러나 그것은 쉽게 열리지 않는다. 마치 석양의 해가 지듯 "오므라지는 저녁 같은" 폐쇄적 자의식을 갖고 있는 까닭이다. 그리고 자아의 발언이 닿아야 할 대상 또한 마찬가지의 경우이다. 그 또한 '침묵'으로 닫혀 있다. 이런 불편한 공존이 자아로 하여금 "외롭지 않은 날"을 대망하게 만들고 "술을 마시게 하고", "시를 읽게"끔 만들었다. "너의 말끝엔/언제나 다정이 묻어 있"다는 긍정성을 발견하기도 하지만, 그리하여 "너에게 끝도 없이 다가서고 싶지만", "움츠러드는 마음"이 자아를 계속 좌절하게 한다.

서정적 자아의 '너'에게로 다가가는 길은 근원적으로 닫혀 있다. 그래서 그 길을 개방되어야 한다. 그러한 것은 시인해야 할 당위이지 의무와 같은 것이다. 그 실천의 과정이 있어야만 그의 멍든 가슴은 치유되고 건강성을 확보할 수 있을 것이다.

> 가로등 봄밤에 젖고
> 봄비에 또 젖는 지금
>
> 그리운 사람끼리
> 전하는 소리 있어
>
> 하얗게 지새우네.
> 어둠에 물든 이 밤
>
> 다소곳한 심장 안팎으로
> 설레게 두근거리는 지금
>
> 세상이 모처럼 들떠
> 작고 여윈 마음에 울리네
>
> 그리운 사람들은
> 그렇게 서로 안고 안으니
>
> 더 빛나 애틋하게
> 아름다우리.
> ─「그리운 사람끼리」 전문

이 작품은 '너'에게로 향하는 길이 열렸을 때, 어떤 상황이 혹은 어떤 자의식이 만들어지는가를 잘 보여준 시이다. 그러한 길을 여는 통로 역시 '비'이다. 비는 유동적 속성을 갖는 이미지이고, 그런 특색이 대상과 자아 사이에 놓인 거리를 메우는데 좋은 수단임은 이미 보아온 터이다. '비'를 매개로 '나'와 '너' 사이에 놓인 거리감은 비교적 쉽게 소멸한다. 뿐만 아니라 그리운 사람들 역시 비로소 하나의 장을 만들어 낼 수 있다. 하나가 된다는 것은 공통의 지대를 찾았다는 뜻이 된다. 이제 서로의 경험과 인식의 정서가 하나가 되니 '너'와 '나' 사이의 간극이란 의미가 없게 된다. 뿐만 아니라 '직선'인 '나'와 '곡선'인 '너'의 관계도 더 이상 이질적인 상태로 남겨져 있지 않다.

   공존을 방해하는 거리는 이제 의미없는 퇴영적 사물이 되었다. 그리운 사람들은 그 목마른 정서로 서로 만났으니, 그리하여 "그렇게 서로 안고 있으니" 욕망의 장은 필요 없게 된 것이 아닌가. 그리고 대상을 향한 아름다운 조화가 실현되었으니, 우리는 이제 '빛나는' 일만 남게 된 것이다.

   이런 경지에 이르게 되면, 동일성을 향한 시인의 순례는 그 마지막 순간에 이른 것으로 보인다. 시인의 가슴에 상처를 남긴 '그대'의 부재 현상은 더 이상 진행되지 않을 것이다.

     그대 안에서라면
     내밀한 영혼이
     길을 잃어도 좋습니다.

     속으로만 흩어져
     안고 가는
     마음의 눈 감으면

외로워도 기쁘겠습니다.

사랑한다는 말씀
스러져 아련해지더라도

휘청거리지 않겠다는 다짐에
힘을 모아 견디겠습니다.

이제는 마음의 눈 감겠습니다.
―「마음의 눈 감다」 전문

  시인은 이제 "그대 안에서" 잠들 수 있게 되었다. 그대와 함께라면, "내밀한 영혼이/길을 잃어도 좋다"고 했다. 그대를 향한 지난한 여정이 이제 합일을 이루게 되었으니 헤매이던 영혼이 나아갈 길이란 더 이상 없을 것이다. 서정적 자아는 이제 서정의, 최후의 여정에 이른 것이다.

  자아의 이런 귀결은 물론 그 혼자 만의 몫에서 머무는 것이 아니다. 그것은 상대적인 것이지 나만의 것으로 한정되지 않는다. 그대 역시 "휘청거리지 않겠다는 다짐"을 한 이후에나 가능한 일이다. 그대를 향한 자아의 견고한 '믿음'과 자아에게로 향하는 그대의 흔들리지 않는 '다짐'이 만들어낸 아름다운 공존, 그것이 마음의 상처가 치유되는 최후의 장이 될 것이다.

  시인은 이렇듯 자아와 대상, 보다 구체적으로는 그대와의 아름다운 합일 속에서 건강한 마음을 확보하게 된다. 상처는 그대와 합일할 수 없는 부재 속에서 탄생한 것이었으니, 부재의식의 소멸은 건강한 마음의 탄생을 의미하는 것이다.

  시인에게 '그대'는 시인의 의식을 지배하는 사유의 절대값이라 할 수 있다. 그렇다고 시인의 자의식을 채우고 있던 '그대'를, 어느 고유의 대상이나 의식, 혹은 특정한 개인으로 고정하는 것은 옳지 않다고 하겠다. 그것은 이성적 대상이 될 수도, 유토피아를 향한 욕망이 될 수도 있을 것이다. 뿐만 아니라 공존의 장을 이루어낼 아름다운 화합이라는 형이상학으로도 설명할 수 있을 것이다. 따라서 시인이 말하는 '그대'란 대상이기도 하면서 또 자아자신이라고도 할 수 있을 것이다.

    마음이
    가을을 낚는다.

    품속에
    찰진 바람들 오가고

    시간이
    풍성하게 익어갈 무렵

    어둠에
    등불 하나 둘 켜지면

    든든한
    꿈같던 세월이 기지개 편다.

    사는 게
    향기로워 깊은 행복일 때

죽는 거
또한 아름다운 빛이 되리니

푸른 하늘이
더 푸른 마음에 가 닿는 이유로 산다.
―「가을에 앉아」 전문

  시인의 마음은 상처로 가득하다. '그대'의 부재에서 오는 상처, '대상'과의 거리감에서 오는 상처 등등 무척 다대하다. 그래서 시인은 그 상처를 위무하고 치유하기 위해 다양한 거리좁히기를 시도한 바 있다. 소리 혹은 향기라는 감각을 통해서, 비의 흐름이라는 물질성을 통해서, 그리고 사랑이라는 관념을 통해서 대상과의 끊임없는 거리 좁히기를 시도한 것이다. 그 결과 시인은 대상과의 아름다운 공존이 무엇인지를 이해하게 되었다. 이제 그의 마음에 남아있는 거리들은 파도처럼 사라지게 된 것이다. 그에게 남은 것은 이제 건강한, 생산적인, 푸른 가슴 뿐이다.

  그의 가슴에 남아있던 푸른 색의 가슴은 새로운 존재의 변이를 하게 된다. 부정의 푸른 색이 아니라 긍정의 푸른 색이다. 이렇게 색의 의미는 극적인 반전을 이루게 된다. 퇴행적이고 우울한 그리고 병적인 푸른 멍이 아니라 미래적이고 활기찬 그리고 건강한 가슴으로 재생된 까닭이다. 「가을에 앉아」는 이런 존재의 변이를 잘 보여주고 있는 시이다. 그러한 변화를 통해서 자아는 이제 "마음이 가을을 낚을 수" 있는 건강한 상태로 바뀌게 된다.

「가을에 앉아」에서 펼쳐지는 삶의 긍정성들은 서정의 오랜 여정이 만들어낸 아름다운 풍경일 것이다. 시인은 이제 "푸른 마음을 푸른 하늘"에 곧바로 연결시킬 수 있게 되었다. 마치 영랑이 순수한 자의식을 지키기 위해 마음을 맑고 깨끗한 곳에 연결시킨 것처럼, 이 시인 또한 그러한 시도를 감행하고 있는 것이다. 푸른 하늘처럼, 자신의 마음도 푸르다는 것, 그 합일에서 서정의 건강성을 찾은 것이다. 이런 동일성의 전략이야말로 이 시인이 탐색한 오랜 순례의 극점일 것이다. 거기서 시인은 비로소 자신이 그토록 찾아나섰던 이상향, 자아의 동일성을 위한 '그대'를 발견할 수 있었다.

이든시인선 051

너의 말끝엔 언제나 이별이 묻어 있다

ⓒ박향숙, 2020

1판 1쇄 | 2020년 9월 1일

지은이   박향숙
발행인   이영옥
편　집   이설화

펴 낸 곳   이든북
출판등록   제2001-000003호
주　소   34625 대전광역시 동구 태전로 30 (광진빌딩 2층)
전화번호   (042)222-2536 | 팩스(042)222-2530
전자우편   eden-book@daum.net
카 페   http://cafe.daum.net/eden-book
블 로 그   https://blog.naver.com/foreverlyo5

ISBN 979-11-90532-56-3

값 10,000원

* 이 책의 판권은 지은이와 이든북에 있습니다.
* 이 책 내용의 전부 또는 일부를 재사용하려면 반드시
   양측에 서면 동의를 받아야 합니다.

* 본 도서는 　충청남도, 　충남문화재단 의 후원으로 발간되었습니다.